岩石上的生灵

——武威岩画图集

武威市文物考古研究所 编

敦煌文艺出版社

图书在版编目（ＣＩＰ）数据

岩石上的生灵：武威岩画图集 / 武威市文物考古研究所编. —— 兰州：敦煌文艺出版社，2023.12
  ISBN 978-7-5468-2486-4

Ⅰ．①岩⋯ Ⅱ．①武⋯ Ⅲ．①岩画－武威－图集
Ⅳ．①K879.422

中国国家版本馆CIP数据核字（2023）第238461号

岩石上的生灵：武威岩画图集
武威市文物考古研究所　编

责任编辑：田　园
装帧设计：雪鹰文旅

敦煌文艺出版社出版、发行
地址：（730030）兰州市城关区读者大道568号
邮箱：dunhuangwenyi1958@126.com
0931－2131556（编辑部）
0931－2131378（发行部）

甘肃华希翔印务传媒有限公司印刷
开本　889毫米×1194毫米　1/16　印张　11.25　插页　4　字数　240千
2023年12月第1版　2023年12月第1次印刷
印数　1～1100册

ISBN 978－7－5468－2486－4
定价：258.00元

编委会

序

  岩画是涂抹或凿刻在岩石、崖壁上的图画，也称"石刻艺术""石书""涂抹画"等，是人类创造的最古老的文明痕迹，也是古代先民留下的珍贵文化遗产。岩画反映了古代先民的生活形态、民俗信仰、宗教意识、艺术审美，为研究早期历史、文化、艺术、宗教等提供了大量翔实、直观的材料，能在一定程度上反映当地动物种群、古代先民的生业模式等信息，对探讨区域自然气候、地理环境、生物种群变迁等问题有很大的帮助，具有重要的文化、科学、历史、考古和艺术价值。

  甘肃有着丰富的岩画资源，20世纪70年代，嘉峪关黑山岩画的发现正式将甘肃岩画带入人们的视野，随后马鬃山、祁连山、景泰、靖远等地也陆续发现岩画。武威岩画属于甘肃岩画的重要组成部分。武威境内岩画分布较分散，目前已知凉州区松树镇莲花山和西营镇头沟、古浪县裴家营镇郎家沟和大沟、大靖镇昭子山、新堡乡臭牛沟和楼梯子沟等地均有岩画分布。武威岩画大多分布在较低的崖壁上，画面内容丰富，采用凿刻或磨刻等方法制作，主要有人、马、牛、羊、骆驼、鹿、符号、文字等内容。岩画整体保存状况较好，部分存在人为刻划、风化、雨蚀、岩体失稳、断裂等损伤。

  2022年6月，武威市政协调研考察组对古浪昭子山岩画进行了实地考察，强调"要加强对昭子山岩画的研究，尽快考察论证申请公布为文物保护单位，加大对历史文化遗存保护传承和宣传推介力度，实施好文物保护利用项目。"市文体广电和旅游局高度重视，安排市文物考古研究所对武威境内岩画进行详细调查，并组织实施了岩画数字化保护项目。在此基础上，我所编辑了《岩石上的生灵——武威岩画图集》，该书采用线描、拓印等方式全面展示武威境内丰富的岩画遗存，使读者更直观、形象地了解岩画内容。相信该书的出版能为武威乃至甘肃岩画提供新的资料，对研究河西走廊先民的社会生活与历史文化有重要价值，也对保护和传承岩画这一珍贵的文化遗产起到促进作用。

  习近平总书记在文化传承发展座谈会上强调："认识中华文明的悠久历史、感知中华文化的博大精深，离不开考古学。要实施好'中华文明起源与早期发展综合研究'、'考古中国'等重大项目，做好中华文明起源的研究和阐释。只有全面深入了解中华文明的历史，才能更有效地推动中华优秀传统文化创造性转化、创新性发展，更有力地推进中国特色社会主义文化建设，建设中华民族现代文明。"武威市文物考古研究所将认真学习贯彻习近平总书记关于文物考古工作的重要指示批示精神，深研细悟习近平文化思想，抢抓文物考古事业发展的良好机遇，坚持"保护第一、加强管理、挖掘价值、有效利用、让文物活起来"的新时代文物工作方针，加强考古研究工作能力，提升文物保护利用水平，为建设中国特色、中国风格、中国气派的考古学做出应有贡献。

编　者

目录

头沟岩画

凉州区
liang zhou qu

图1 头沟岩画分布图

　　头沟岩画，位于凉州区西营镇营儿村石城山东南的头沟内。头沟大致呈西北东南走向，沟内约3公里处分出甘泉沟，约4公里处分出小白杨沟，岩画位于甘泉沟和小白杨沟沟口，共有4组15个图案，内容包括马、鹿、羊、虎等形象。

1号点

　　1号点位于甘泉沟沟口北部的崖壁上，坐标为102°21′12.52″，37°56′33.39″。画幅宽135厘米、高105厘米，由5只动物组成。最上部为两匹体型较大背立的马，中部为一匹站立的马，前面有两只体型较小的羊；下部为一只无法辨识的动物形象。

2号点

　　2号点位于1号点西南约200米处，坐标为102°21′7.30″，37°56′29.30″。画幅宽155厘米、高100厘米，由骑者和两个动物图案组成。体型最大的为一抽象的动物图像，有首尾和多只足。其下为一骑者形象，马背上的人用简单的十字交叉符号表示，其左为凿刻而成的不成形图像。

3号点

　　3号点位于2号点南20米处，画幅宽100厘米、高60厘米，由马、牛、羊等动物组成。马位于上部，体型较大，可见颈部鬃毛，身下有两只羊；马下部为一头牛，长尾上竖。

4号点

　　4号点位于小白杨沟沟口西坡的崖壁上，坐标为102°20′53.16″，37°56′7.68″，由两只动物图像组成。体型较大的为虎，身上磨刻斑驳的条纹，身长73厘米、高37厘米；其左部为较小的动物，身长47厘米、高22厘米。

图2 羊、马
岩面 135厘米×105厘米

图3 骑者、动物
图像 上64厘米×62厘米 下16厘米×10厘米

图4 牛、马、羊
岩面 101厘米×64厘米

图5 狼、虎
图像 左47厘米×22厘米，右73厘米×37厘米

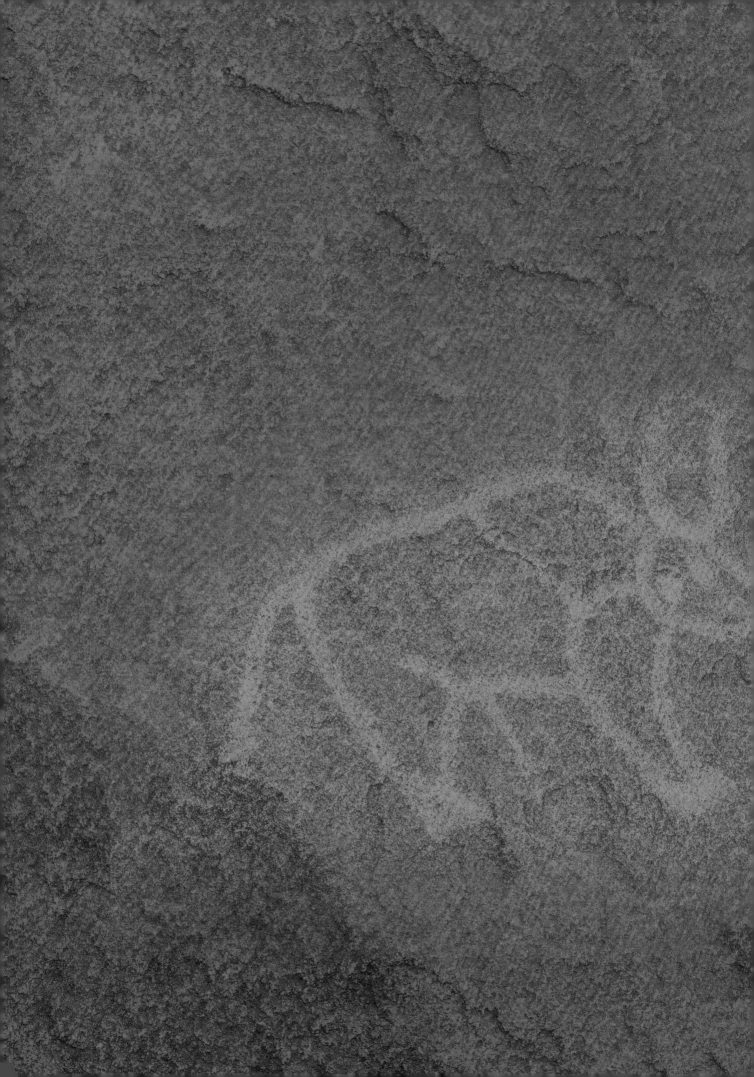

莲花山岩画

凉州区
lian zhou qu

　　莲花山岩画，位于凉州区松树镇莲花山脚下，零散分布在地面的大石块之上。《五凉全志·地理志》记载："武威城西南松树乡约30里处的莲花峰下有巨石，青质白纹，有虎、狼、鹿、马、牛诸形，故名'兽纹石'。"清代凉州人陈炳奎也创作了《兽文石歌》，形象地描述了兽文石的基本情况："莲花山前草色碧，碧莲花开千万尺。层峦叠嶂摩云霄，下有兽文之怪石。兽文石，何苍苍！虎形豹文各异状，或类鹿马或牛羊。青为质兮白为文，赤狐白狼共友群。自是天成非人力，古色斑斓多雅致。倚壁附崖几风霜，诅埋苍苔无人识！倘逢李广开弓弩，误识猛虎应没羽。"调查发现的岩画与文献记载基本一致，说明至少从清代开始，人们就已经开始关注这些有图案的石头了。莲花山麓目前共发现岩画3处8组16个图案。

图1 莲花山岩画分布图

1号点

　　1 号点位于莲花山接引寺前的道路西侧，坐标为 102°29′31.02″，37°54′9.34″。岩石西壁为牛、虎和一个动物头部形象。牛身长55厘米、高37厘米；虎身长52厘米、高40厘米；动物头像高28厘米、宽26厘米。东壁右半部为"同登彼□"四字，同登二字打破一匹回头马和一个无字牌位。文字总长180厘米、高55厘米；马身长47厘米、高31厘米；牌位高49厘米、宽27厘米。左半部为大角鹿、香炉和"雍正十年"牌位。鹿身长31厘米、高27厘米；香炉高27厘米、宽17厘米；牌位高41厘米、宽21厘米。南壁凿刻一头牛，身长42厘米、高40厘米，牛上部凿刻出一个"牛"字。

2号点

　　2 号点位于 1 号点东约 100 米处，坐标为102°29′34.76″，37°54′9.04″。两只山羊凿刻于一块长100 厘米、宽 60 厘米的岩画上，一只身长 12 厘米、高17厘米，另一只身长 20厘米、高18厘米，形象简单直白。

3号点

　　3 号点位于 2 号点东南约 120 米处，坐标为102°29′39.46″，37°54′7.12″。岩石北壁凿刻两个太阳，大者宽 60 厘米、高 50 厘米；小者宽、高均为35厘米。岩石西壁凿刻一只身饰条纹的兽形图案，身长 150 厘米、高 66 厘米。

图2 虎
岩面 150厘米×70厘米

图3 牛
图像 55厘米×37厘米

图4 牛
图像 42厘米×40厘米

图5 兽
图像 150厘米×66厘米

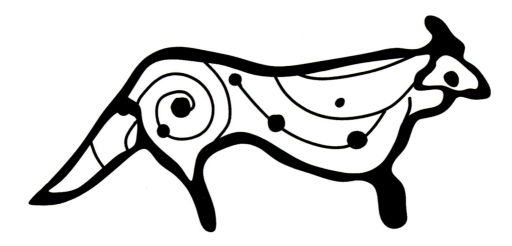

图6 羊
图像 左12厘米×17厘米，右20厘米×18厘米

昭子山岩画

gu lang xian
古浪县

图1 昭子山岩画分布图

　　昭子山岩画，位于古浪县大靖镇圈城村西南的昭子山大沟内。岩画分布在长约1.3公里的山崖上，现为县级文物保护单位。目前共发现岩画6处55组112个图案，画面内容丰富，造型古朴生动，主要内容有人物、动物和符号图案。

1 号点

1 号点距沟口约 2500 米，坐标为 103°28′18.08″，37°25′10.25″。

2 号点

2号点位于1号点南约500米，坐标为103°28′29.73″，37°24′42.59″，6组共35个图案。第一组距地面高约2米，共有6个图案，内容为点、线、圈构成的符号和人物形象；第二组距地面高约5.3米，共有2个图案，均为符号；第三组距地面5.3米，共有11个图案，内容为人物、羊和符号图案；第四组距地面1.28米，内容为牛羊形象；第五组距地面6米，共有8个图案，内容为羊、箭头、方框等；第六组距地面4.3米，共有7个图案，内容均为羊。

3 号点

3号点位于2号点南约350米处，坐标为103°28′22.71″，37°24′34.48″，共3组7个图案。第一组距地面1米，共有4个图案，内容为羊和符号；第二组图案距地面0.9米，仅能辨识一个类似"早"字图案；第三组图案距地面1.4米，内容为牛羊形象。

4 号点

4号点位于3号点南约110米处，坐标为103°28′20.14″，37°24′31.60″，共有6个图案，内容为大角鹿、人和符号。

5 号点

5号点位于4号点南约400米处，坐标为103°28′15.92″，37°24′18.98″，共有5个图案，内容为符号。

6 号点

6号点位于5号点西南约100米处，坐标为103°28′12.71″，37°24′17.72″，共有5组图案。第一组共4个图案，内容均为符号；第二组共4个图案，内容为简化的人物形象；第三组图案经过简单凿刻，形象模糊无法分辨；第四组图案为一头牛；第五组图案为3只羊。

图2 动物(残)
图像 19厘米×13厘米

图3 羊
岩面 140厘米×50厘米

图4 人、鹿、羊
岩面 136厘米×76厘米

图5 羊群、符号
岩面 116厘米×150厘米

图6 羊、鹿
岩面 103厘米×130厘米

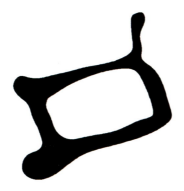

图7 符号
图像 5厘米×4厘米

图8 羊
岩面 59厘米×45厘米

图9 人、羊、狩猎
岩面 127厘米×124厘米

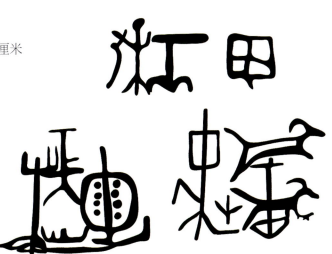

图10 符号
图像 上9厘米×18厘米，下6.5厘米×12厘米

图11 牛、羊
图像 上24厘米×14厘米，下15厘米×9厘米

图12 鹿
图像 上9厘米×10.5厘米，下12厘米×7厘米

图13 羊
图像 上14厘米×6.5厘米，下18.5厘米×7厘米

图14 符号、人
岩面 60厘米×92厘米

图15 羊
岩面 42厘米×33厘米

图16 羊
岩面 50厘米×77厘米

图17 羊群
岩面 195厘米×164厘米

图18 羊、符号
岩面 66厘米×51厘米

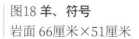

图19 羊
图像 12厘米×14厘米

图20 骑者
图像 17厘米×13厘米

图21 **动物**
岩面 44厘米×32厘米

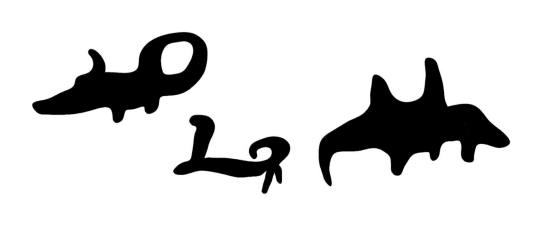

图22 符号
岩面 51厘米×44厘米

图23 羊(残)
图像 18厘米×8厘米

图24 **鹿群**
岩面 49厘米×64厘米

图25 马
图像 7.5厘米×3.5厘米

图26 羊
图像 9厘米×6.5厘米

图27 动物
岩面 50厘米×36厘米

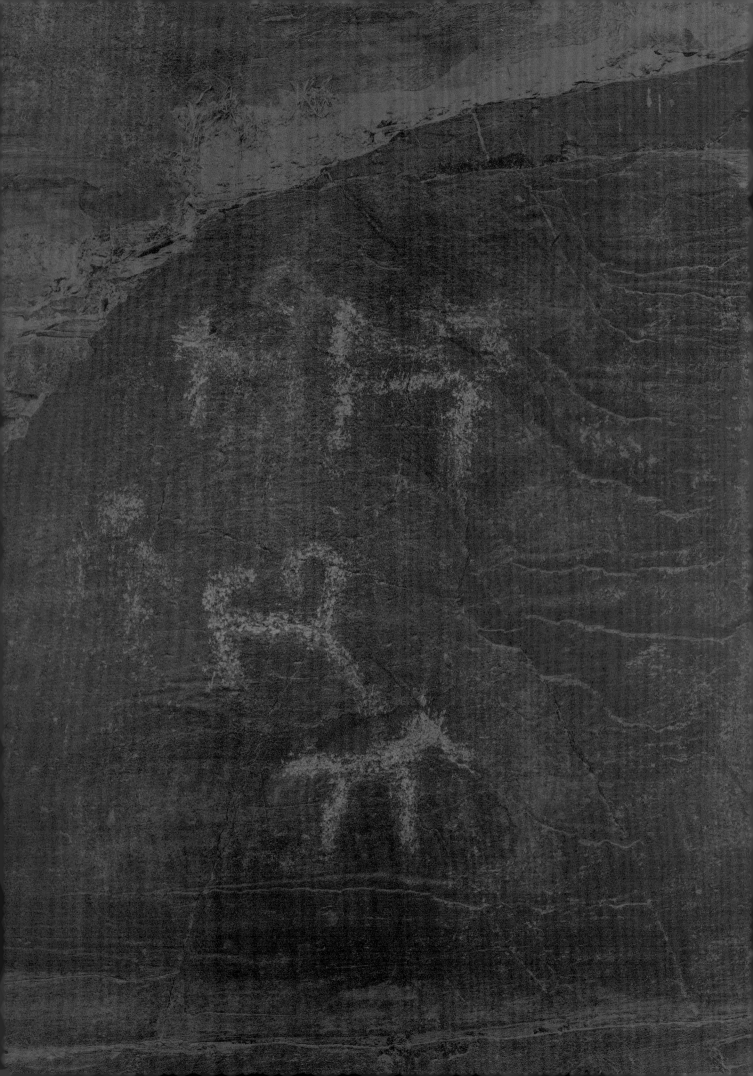

郎家沟岩画

古浪县

gu lang xian

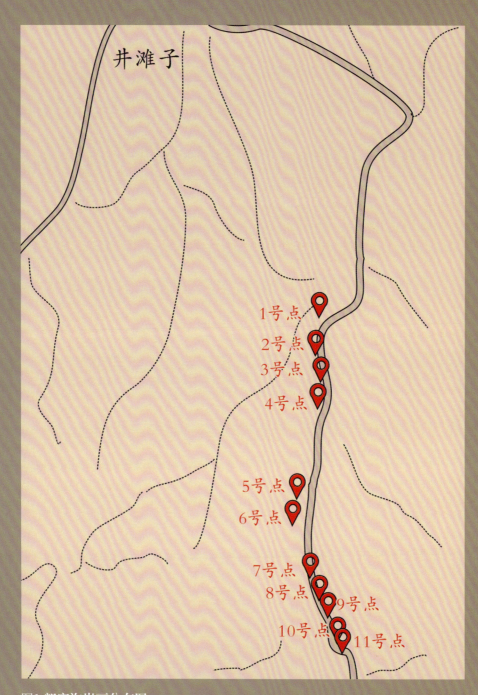

图1 郎家沟岩画分布图

　　郎家沟岩画，位于古浪县裴家营镇塘坊村井滩子东南的郎家沟内。岩画均分布在沟西侧的石壁上，前后绵延约 1.2 公里，现为县级文物保护单位。目前共发现岩画 11 处 56 组 118 个图案，内容包括人、马、羊、骆驼、牛等。

1 号点

1号点距离沟口约500米, 坐标为103°33'0.83", 37°25'36.88", 共有两只动物。上部为一只体型较大抽象化的羊形象, 大角后弯, 周围凿刻出一圆环将其包围, 下部为一只夸张的长角羊形象。

2 号点

2号点距离1号点约150米, 坐标为103°33'0.51", 37°25'31.86", 共3组7个图案。第一组图像为3个人, 其中左部两个人双臂下垂, 双腿分开, 呈舞蹈状, 右部一个人双臂环抱。第二组为一只大角羊。第三组上部为一只大角羊, 中部为一骑者, 下部为没有头部的动物图案。

3 号点

3 号点距离 2 号点约 80 米, 坐标为103°33'1.32", 37°25'29.25", 共 3 组 20 个图案。第一组为一只羊。第二组为一骑者形象, 马后跟着一只狗。第三组为一只奔跑的山羊, 羊角较小。

4 号点

4号点距离3号点约120米, 坐标为103°33'1.09", 37°25'25.82", 共5组31个图案。第一组为两只骆驼形象。第二组左上部为一只大角山羊, 可见胡须, 其后为一个未完成的羊角形象。右下部为符号。第三组为两只背向而立的大角羊。第四组内容较为丰富, 左部为两只大角羊和一只狗, 中部和右上部为舞蹈、牵马形象, 右下部为一个十字形符号。第五组右上部为 3 只大角羊, 下部为牵马、骑者等形象。

5 号点

5 号 点 距 离 4 号 点 约 350 米, 坐 标 为103°32'58.31", 37°25'15.65", 共4组6个图案。第一组上部为一只大角鹿和 "中" 字形符号, 下部为大角山羊。第二、三、四组均为大角山羊。

6 号点

6 号 点 距 离 5 号 点 约 100 米, 坐 标 为103°32'57.73", 37°25'12.75", 共4组11个图案。第一组为3只体态不同的大角山羊。第二组为一头牛。第三、四组均为大角山羊。

7 号点

7号点距离6号点约200米, 坐标为103°33'0.64", 37°25'6.22", 共3组9个图案。第一、二组各为一只大角山羊。第三组左部为骑者和羊, 右下部为无法辨识的动物形象。

8 号点

8 号 点 距 离 7 号 点 约 120 米, 坐 标 为103°33'2.05", 37°25'3.90", 共4组7个图案。第一组为两只大角山羊。第二组中部为一骑者, 其上下各有一只大角羊。第三组为一只大角山羊。第四组为一骑者形象。

9 号点

9号点距离8号点约50米, 坐标为103°33'2.82", 37°25'2.15", 共5组16个图案。第一、二组均为羊形象。第三组右部为一双臂伸直、双腿分开的人物形象, 左部为3只大角山羊。第四组为3只山羊。第五组右上部为大角山羊, 其余为符号图案。

10 号点

10号点距离9号点约100米, 坐标为103°33'3.63", 37°24'59.10", 共2个图案, 一为无头的动物形象, 一为手持棍棒人物形象。

11 号点

11号点距离10号点约50米, 坐标为103°33'5.28", 37°24'57.99", 内容为4只山羊形象。

图2 狩猎、舞者
岩面 99厘米×56厘米

图3 **狩猎**
岩面 157厘米×113厘米

图4 羊、符号
岩面 50厘米×39厘米

图5 羊
图像 上14厘米×16厘米，下19厘米×11厘米

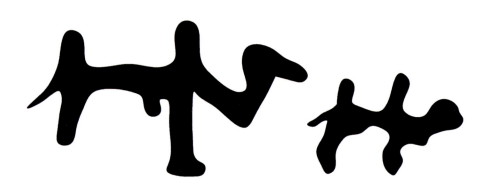

图6 骆驼
图像 左13.5厘米×8.5厘米，右8厘米×5厘米

图7 羊
图像 12厘米×9厘米

图8 骑者
图像 上19厘米×18厘米，下8.5厘米×5.5厘米

图9 放牧
岩面 176厘米×100厘米

图10 羊
图像 13厘米×10厘米

图11 羊
图像 10.5厘米×9厘米

图12 羊
图像 上10.5厘米×10厘米，下7.5厘米×8厘米

图13 羊
图像 12厘米×12.5厘米

图14 牛
图像 22厘米×14.5厘米

图15 羊
图像 11.5厘米×10厘米

图16 羊群
岩面 78厘米×85厘米

图17 羊
图像 上8厘米×7.5厘米，下13.5厘米×10厘米

图18 **放牧**
岩面 61厘米×48厘米

图19 羊
图像 10厘米×8.5厘米

图20 羊
图像 13.5厘米×11.5厘米

图21 羊
图像 16厘米×11厘米

图22 羊群
岩面 41厘米×24厘米

图23 羊群
岩面 63厘米×28厘米

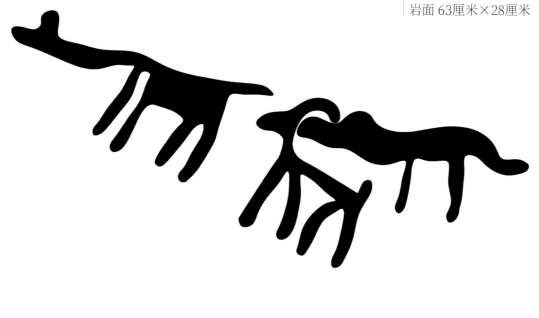

图24 符号、羊
岩面 48厘米×76厘米

图25 动物(残)
图像 12.5厘米×6厘米

图26 人
图像 17厘米×26厘米

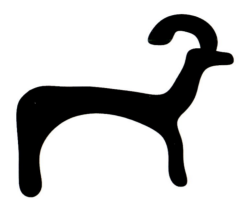

图27 羊
图像 15厘米×12厘米

图28 羊、符号
岩面 115厘米×90厘米

图29 羊
图像 9厘米×8.5厘米

图30 骑者
图像 11厘米×13厘米

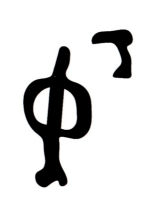

图31 人
岩面 91厘米×60厘米

图32 羊
图像 6.5厘米×6厘米

图33 放牧
岩面 49厘米×61厘米

图34 狩猎
岩面 67厘米×64厘米

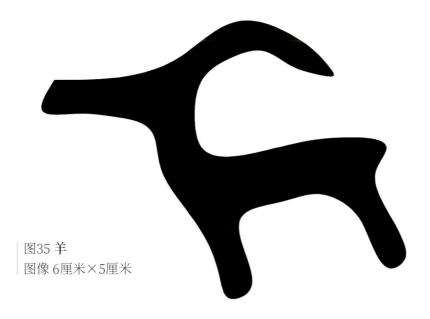

图35 羊
图像 6厘米×5厘米

图36 羊
岩面 57厘米×48厘米

图37 动物（残）
图像 上3.7厘米×3.7厘米，下9.5厘米×6厘米

大沟岩画

gu lang xian

古浪县

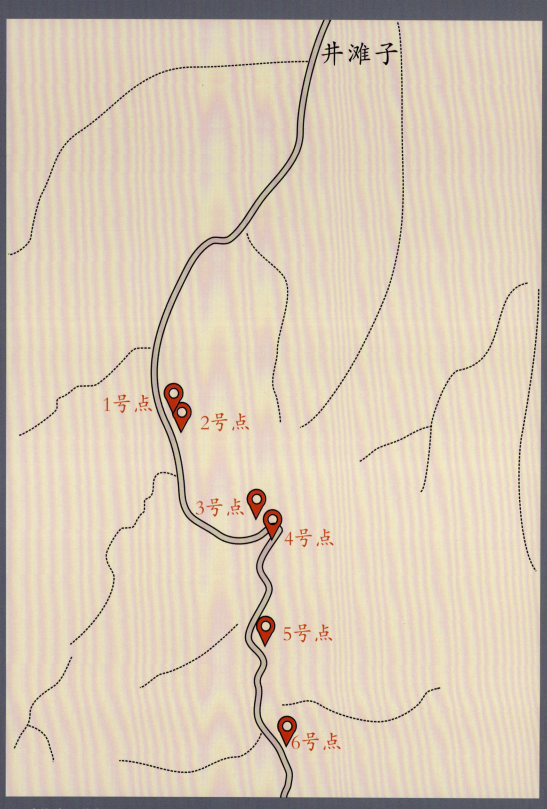

井滩子

1号点

2号点

3号点

4号点

5号点

6号点

图1 大沟岩画分布图

　　大沟岩画，位于古浪县裴家营镇塘坊村井滩子西南的大沟内。岩画分布在绵延1.3公里东西两壁的岩面上，现为县级文物保护单位。目前共发现岩画6处17组77个图案，内容有山羊、骑者、符号、骆驼等形象。

1号点

　　1号点位于大沟沟口约1500米处，坐标为103°32'4.56"，37°25'20.98"，共有3组12个图案。第一组左部为一只双耳竖立的动物，右部为一只体型肥硕的长颈动物，背上有五角星图像。第二组左右两边均为大角山羊，中部为骑者和牵马人物图像。第三组为一头牛。

2号点

　　2号点距离1号点约30米，坐标为103°32'5.05"，37°25'19.87"，共有3组4个图案，均为大角山羊。

3号点

　　3号点距离2号点约600米，坐标为103°32'18.14"，37°25'8.59"，共3组4个图案，均为大角山羊。

4号点

　　4号点距离3号点约100米，坐标为103°32'20.01"，37°25'5.75"，共3组10个图案。第一组右上部为一头牛和一只羊，下部为两只大角羊。第二、三组均为大角羊。

5号点

　　5号点距离4号点约450米，坐标为103°32'18.95"，37°24'54.15"，共3组40个图案。第一组左部为一人的下半身，右部为两只山羊图像。第二组上部为大角羊，下部为人物、大角羊、符号。第三组左上部为大角羊、骑者、骆驼形象，左下部为羊、符号、圆圈等，右部为数只大角羊。

6号点

　　6号点距离5号点约470米，坐标为103°32'23.23"，37°24'41.61"，共2组8个图案，内容为大角鹿和无法辨识的动物图像。

图2 动物
图像 12.5厘米×9厘米

图3 羊
图像 7厘米×5厘米

图4 羊
图像 左13.5厘米×7厘米，右15厘米×11厘米

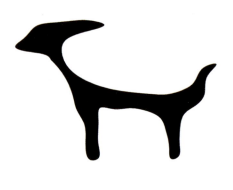

图5 人、鹿
岩面 88厘米×36厘米

图6 羊
图像 14厘米×13厘米

图7 放牧
岩面 67厘米×53厘米

图8 羊群
岩面 270厘米×157厘米

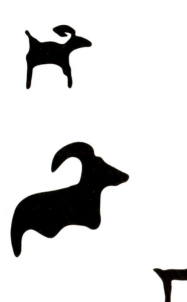

图9 羊群
岩面 62厘米×49厘米

图10 放牧
岩面 220厘米×178厘米

图11 羊
图像 16.5厘米×16厘米

图12 羊
图像 上12厘米×7厘米，下8厘米×5.5厘米

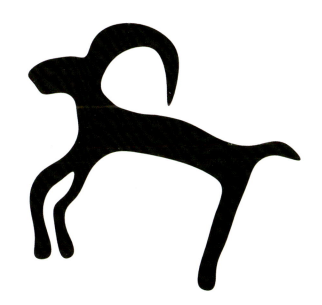

图13 羊
图像 6.5厘米×5厘米

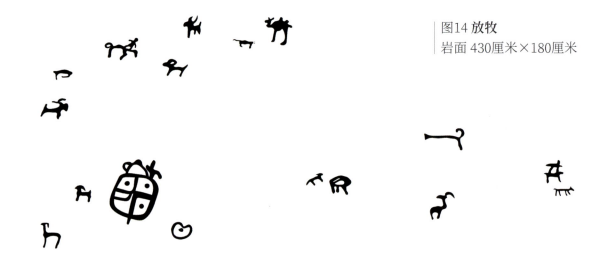

图14 放牧
岩面 430厘米×180厘米

图15 羊
图像 左7厘米×4.5厘米，右15厘米×11厘米

臭牛沟岩画

古浪县

gu lang xian

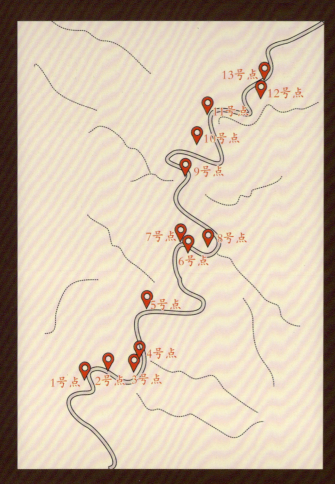

图1 臭牛沟岩画分布图

　　臭牛沟岩画，位于古浪县新堡乡新堡村北4公里处的臭牛沟内，南邻武定高速白茨水停车区。岩画分布在绵延2公里长的山沟两侧，现为县级文物保护单位。目前共发现岩画13处39组107个图案，内容有人、马、牛、羊等。

1 号点

　　1号点位于臭牛沟沟口约770米处，坐标为103°44′24.85″，37°19′13.70″，共有5组10个图案。第一组图像为两只羊，上部的体型略小、直角，下部的体型略大，身体修长，大角后弯。第二组图像为一只直角山羊。第三组在上部为短角山羊，右上部为大角山羊，羊角呈十字状，左下部为密集的凿痕，右下部为一骑者形象，马身体为双钩线刻。第四组左部为凿刻的人形，右部为一只大角羊。第五组为一骑者形象。

2 号点

　　2号点距1号点约70米，坐标为103°44′26.80″，37°19′14.47″，图像为一只大角山羊，长角后弯，尾巴呈圈状。

3 号点

　　3号点距2号点约60米，坐标为103°44′29.43″，37°19′14.58″，共有4组14个图案。第一组共4个图案，左上部为凿刻的动物和奔跑状的大角羊，右部为一个身形高大的人。第二组为一只长角后弯呈圈状的大角羊。第三组共3个图案，上部、中部为两只大角山羊，左下部形象无法识别。第四组为上下排列的3只羊。

4 号点

　　4号点距3号点约25米，坐标为103°44′29.77″，37°19′15.32″，为一幅5只身体修长、长角后弯的山羊构成的图案。

5 号点

　　5号点距4号点约140米，坐标为103°44′30.69″，37°19′19.00″，共2组6个图案。第一组左部为两只大角山羊，右下部为长角鹿形象。第二组左上部和右下部为羊形象，左下部为一只动物形象。

6 号点

6号点距5号点约250米，坐标为103°44'33.92"，37°19'23.67"，共7组19个图案。第一组为凿痕较浅的大角羊，长角后弯。第二组为数只大角山羊，体型较小，凿刻成型，未经二次磨平。第三组为一只大角羊。第四组为一只大角羊，其上部有凿刻的点痕，无法辨识形象。第五组一为角直而尖的山羊，一为倒"T"字符号。第六组上部和中部为羊形象，下部为一个"U"形图案。第七组为长角后弯羊形象。

7 号点

7号点位于6号点南侧，坐标103°44'34.52"，37°19'23.04"，为一座磨刻而成的高塔，每层磨刻出塔沿，塔高50厘米，最宽处30厘米。

8 号点

8号点在距离7号点约75米处，坐标为103°44'36.36"，37°19'23.46"，共5组19个图案。第一组为凿痕较浅的大角山羊形象。第二组为羊和马，其中左部的羊外形粗大，简单勾勒出双腿和大角，右部的马线条较细，体型修长。第三组为3只羊，左部为头小无角的羊，中部为回头的大角羊，右部为蹲立状的大角羊。第四组、第五组均为相对而立的大角羊。

9 号点

9号点距离8号点约230米，坐标为103°44'34.53"，37°19'28.53"，共有4个图案。左部为一只体型修长的羊形象，右部自上而下分布3只羊。

10 号点

10号点距离9号点约100米，坐标为103°44'35.66"，37°19'30.61"，岩面图案为一只羊，头部不清，两只角呈"Y"状。

11 号点

11号点距离10号点约200米，坐标为103°44'36.73"，37°19'33.17"，共有3组11个图案。第一组为一匹身体瘦长的马，长尾下垂。第二组为一骑者形象，马尾后弯，背上为两个模糊的人形轮廓。第三组最上部为一只大角羊，中部为一匹体型修长的马，长尾下垂，马背上刻划有马鞍，马右侧和下部分布7只体型大小不同的羊。

12 号点

12号点距离11号点约160米，坐标为103°44'41.63"，37°19'33.84"，共有6组11个图案。第一组为一只身体壮硕的大角羊。第二组具体形象无法辨识。第三组大角羊较为模糊。第四组、第五组、第六组均为大角羊形象。

13 号点

13号点距离12号点约40米，坐标为103°44'42.08"，37°19'35.01"，仅能辨识出4只羊和一个符号图案，剩余数个图案无法辨识。

图2 羊
图像 上10厘米×9厘米，下16厘米×12厘米

图3 羊
图像 11厘米×7厘米

图4 羊、骑者
图像 上12厘米×9厘米，下12厘米×9厘米

图5 人、羊
人7厘米×9厘米，羊9厘米×7厘米

图6 骑者
图像 9厘米×7厘米

图7 羊
图像 9厘米×8厘米

图8 放牧
图像 左9厘米×8厘米 右18厘米×15厘米

图9 羊
图像 10厘米×10厘米

图10 羊
岩面 26厘米×36厘米

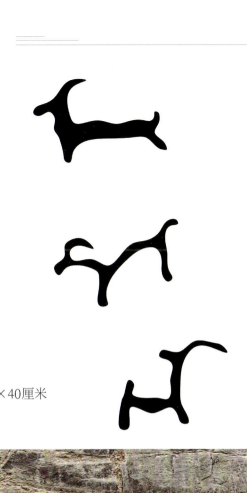

图11 **羊群**

岩面60厘米×40厘米

图12 羊群
岩面 50厘米×90厘米

图13 马
图像 上16厘米×10厘米，下15厘米×9厘米

图14 骑者
图像 14厘米×10厘米

图15 羊群
图像 左上6厘米×6厘米，右上5.5厘米×4厘米，右下10厘米×7.5厘米

图16 羊
图像 左上6厘米×6厘米，右上9厘米×7厘米，左下13厘米×11厘米

图17 羊
图像 11厘米×9厘米

图18 *放牧*
岩面 70厘米×90厘米

图19 羊
图像 9厘米×6厘米

图20 羊
图像 7厘米×6厘米

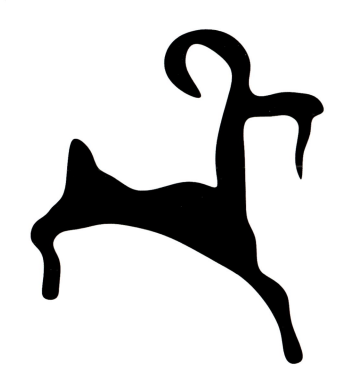

图21 羊
图像 7厘米×6厘米

图22 羊
图像 10厘米×8厘米

图23 羊
图像 7厘米×9厘米

图24 羊
图像 上8厘米×5厘米，下5厘米×7厘米

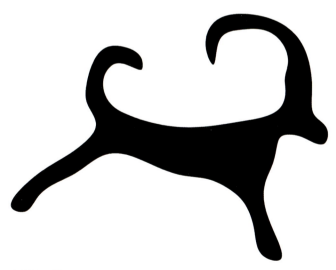

图25 羊
图像 11厘米×10厘米

图26 塔
图像 30厘米×50厘米

图27 **羊群**
图像 岩面70厘米×60厘米

图28 羊
图像 左7厘米×10厘米，右9厘米×6厘米

图29 羊群
图像 左13厘米×6厘米，中12厘米×9厘米，右8厘米×7厘米

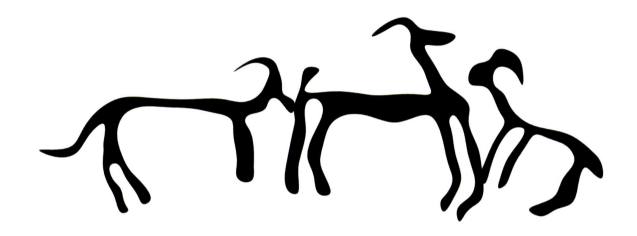

图30 羊
图像 左11厘米×7厘米，右12厘米×9厘米

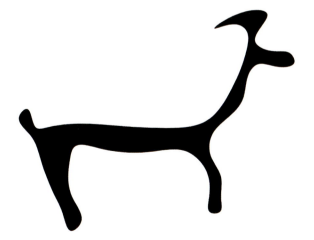

图31 羊
图像 左14厘米×10厘米，右5厘米×4厘米

图32 羊群
图像 左9厘米×5厘米，右上8厘米×4厘米，右中8厘米×5厘米，右下6厘米×5厘米

图33 羊
图像 14厘米×9厘米

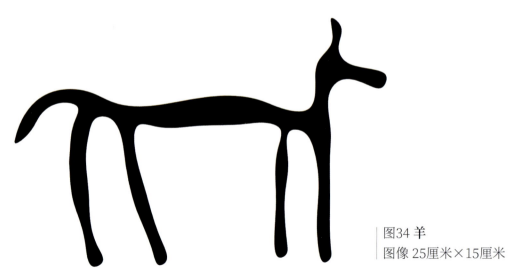

图34 羊
图像 25厘米×15厘米

图35 骑者
图像 11厘米×9厘米

图36 **放牧**
岩面 110厘米×110厘米

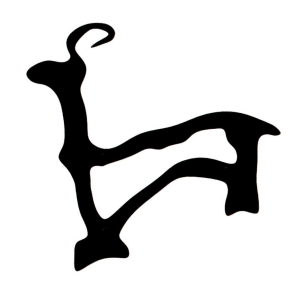

图37 羊
图像 13厘米×11厘米

图38 羊
图像 上6.5厘米×4.5厘米，下9厘米×4.5厘米

图39 **放牧**
岩面 53厘米×36厘米

图40 **羊**
图像 13厘米×9厘米

楼梯子沟岩画

gu lang xian
古浪县

图1 **楼梯子沟岩画**分布图

　　楼梯子沟岩画，位于古浪县新堡乡新堡村北 4 公里处的楼梯子沟内，西邻臭牛沟。岩画分布在绵延 2.6 公里长的山沟两侧，现为县级文物保护单位。目前共发现岩画 10 处 21 组 106 个图案，内容有羊、牛、鹿、骑者、符号等形象。

1 号点

1 号点位于楼梯子沟沟口 1300 米处，坐标为 103°44′49.71″，37°18′47.03″，岩面凿刻出一只大角羊。

2 号点

2 号点距离 1 号点约 70 米，坐标为 103°44′47.49″，37°18′48.54″，岩面凿刻出两只大角羊。

3 号点

3 号点距离 2 号点约 60 米，坐标为 103°44′47.73″，37°18′49.46″，共5组26个图案。第一组为3个西夏文字，释义为"佛"，其中两个为双线勾出中空字体。第二组为凿刻的大角羊、大角鹿、人等形象，羊角或平弯或后卷呈圈状，人的头和脚均用两横表示，双臂环抱呈圈状；大角鹿双角呈Y型。第三组上部为凿刻的点痕，下部为一只长颈长腿的动物形象。第四组上部类似汉字，下部左边为两只长角后弯的大角羊，右边为人形图案，头部和双臂均为圈状。第五组为一头体型健壮、长角上弯的牛。

4 号点

4 号点距离三号点约 80 米，坐标为 103°44′46.18″，37°18′50.89″，图像为长角后弯的大角山羊。

5 号点

5 号点距离4号点约480米，坐标为103°44′47.82″，37°19′2.03″，图像为4只或站立或奔跑的大角山羊。

6 号点

6号点距离5号点约200米，坐标为103°44′47.26″，37°19′5.35″，共3组图像。第一组主要有大角羊和大角鹿，大角羊与其他各点的外形基本一样，大角鹿角呈树枝状，较为复杂。第二组有马、羊和人物，上部为两匹体型瘦长的马，长尾下垂，中部分散几只大角羊，下部为人物形象。第三组为站立有序的15只大角山羊，外形基本相同。

7 号点

7号点距离6号点约30米，坐标为103°44′48.29″，37°19′6.04″，共有6组22个图案。第一组为凿刻的一只羊，尾巴卷起，两只角上弯。第二组为人和羊，人呈舞蹈状，其右为两只大角羊。第三组为形象较为统一的大角羊和鹿。第四组为两只大角羊。第五组上部为两只体型较大的大角鹿，鹿角呈树枝状，下部为一骑者形象。第六组左部为一骑者形象，马鞍清晰可见，其右为两只羊。

8 号点

8号点距离7号点约250米，坐标为103°44′53.83″，37°19′8.33″，图像为一头长角牛。

9 号点

9号点距离8号点约30米，坐标为103°44′53.84″，37°19′9.27″，图像为两只大角羊和一只大角鹿。

10 号点

10号点距离9号点约25米，坐标为103°44′53.63″，37°19′10.08″，图像为两只大角羊。

图2 羊
图像 14厘米×11厘米

图3 **西夏文"佛"字**

图像 左30厘米×26厘米，右上31厘米×31厘米，右下15厘米×15厘米

图4 **放牧**
岩面 150厘米×170厘米

图5 羊
图像 11厘米×10厘米

图6 放牧
岩面 57厘米×45厘米

图7 牛
图像 13厘米×10厘米

图8 羊
图像 11厘米×7厘米

 图9 羊群
图像 左11厘米×11厘米，右上14厘米×9厘米，右中10厘米×5厘米，右下15厘米×12厘米

图10 羊群、鹿群
岩面 140厘米×130厘米

图11 放牧
岩面 100厘米×155厘米

图12 羊群
岩面 80厘米×60厘米

图13 羊
图像 9厘米×9厘米

图14 **放牧**
图像 右上14厘米×8厘米，人6厘米×10厘米，左下5厘米×7厘米

图15 羊群、鹿
岩面 140厘米×60厘米

图16 羊
岩面 45厘米×37厘米

图17 骑者、鹿
岩面 80厘米×63厘米

图18 放牧
岩面 54厘米×58厘米

图19 牛
图像 18厘米×26厘米

图20 羊、鹿
图像 左上16厘米×10厘米，左下18厘米×11.5厘米，右下11.5厘米×11厘米

图21 羊
图像 上16厘米×13厘米，下13厘米×7厘米

拓片

ta pian

拓片1 莲花山岩画1号点

拓片2 昭子山岩画图5

拓片3 昭子山岩画图5

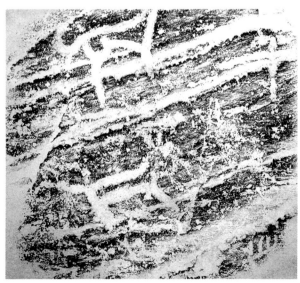

拓片4 昭子山岩画图5

拓片5 昭子山岩画图5

拓片6 昭子山岩画图10

拓片7 昭子山岩画图10

拓片8 郎家沟岩画图2

拓片9　郎家沟岩画图3　　　　　　　　拓片10　郎家沟岩画图3

拓片11　郎家沟岩画图3　　　　　　　拓片12　郎家沟岩画图9

拓片13　郎家沟岩画图9

拓片14　郎家沟岩画图31

拓片15　郎家沟岩画图31

拓片16　郎家沟岩画图32

后记

2022年，武威市文物考古研究所组织实施了武威境内岩画数字化保护项目，为了更直观、形象地展示武威境内的岩画遗存，深入挖掘阐释武威古代岩画艺术，在岩画数字化项目的基础上，我所组织编辑了《岩石上的生灵——武威岩画图集》一书。该书充分利用岩画数字化成果，通过高清照片、线描图和部分岩画的拓片全面展现了凉州区松树镇莲花山和西营镇头沟，古浪县裴家营镇郎家沟和大沟、大靖镇昭子山、新堡乡臭牛沟和楼梯子沟共7处岩画的内容和现状。

本书由郭祥策划并确定体例和主要内容，野外调查工作由朱安、卢秀善、赵启杰、刘强宁等完成，线描图由赵启杰、刘强宁、付建丽和在我所实习的山东大学研究生宋艺玮等完成，赵启杰、刘强宁共同完成了概况描述文字编辑。

本书的编辑出版得到武威市文体广电旅游局及各位领导的大力支持，在此表示衷心的感谢。武威市文博老专家、市博物馆原馆长黎大祥不辞辛劳，拓印书中岩画拓片；市书画院院长齐泽山应邀题写书名；市文化馆副馆长王曙为拓片拍照。三位专家的倾情参与，为本书增色不少，深表敬意。此外，古浪县博物馆馆长俞学金、古浪县文体广电旅游局文博副研究馆员杨文科、市文物考古研究所退休干部宁生银对野外调查、资料收集、拓印等工作提供了帮助和支持，一并致谢。

由于时间仓促、部分岩画图案模糊，加之编者水平有限，疏漏错讹之处在所难免，恳请专家学者及广大读者批评指正。

编 者